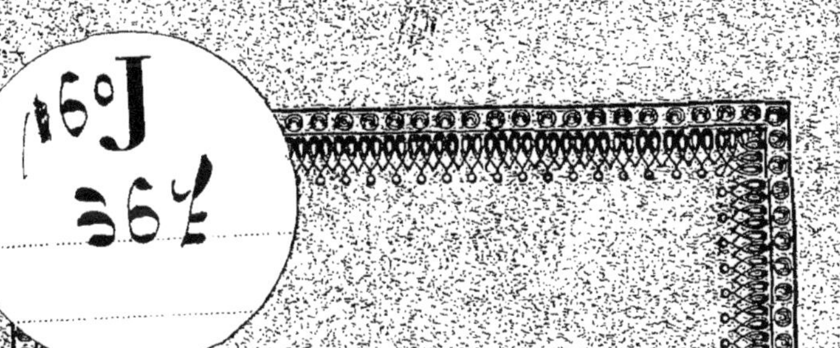

LE PANTHÉON

RENDU À SON ORIGINE

PAR L. M.

LE PANTHÉON
RENDU À SON ORIGINE

OU

GUIDE UNIQUE

POUR DECOUVRIR LA VERITÉ
SUR LES RESTES DES ANTIQUITÉS DE ROME
ET SUR LEUR VÉRITABLE POSITION

PAR L. M.

Collaborateur du grand ouvrage sur l'Italie par MM. De Chateaubriand, Lamartine, Camporesi etc. publié par Audot. — Auteur de l'abrégé de l'Histoire des Belges, publiée en français à Paris. — Recherches sur l'île de Calipso ou le Temple antédiluvien, reconnu sous le nom de Tour des géants, premier monument prouvé de cette époque par l'Auteur, ouvrage en français mentionné dans l'Itinéraire en Palestine par M.r De Chateaubriand, édition de M.r le Marquis Forciat Saint Urbain. — Abrégé sur l'Astronomie en vers français à l'usage de la jeunesse publié à Londres. — Auteur du nouveau procédé sur les mathématiques linéaires appropriées à la Perspective et à la Topographie publié en anglais à Londres et reçu par cette Académie. — L'Église d'Inspruck avec ses trente et un monument, publié à Rome etc. etc.

ROME 1845.
IMPRIMÉ PAR CLÉMENT PUCCINELLI VIA LATA N.° 211.

R.F.

DON
54 02117
0179

studio già iniziato sul monumento, anche nella parte che riguarda la cupola, sulla cui struttura non si ha oggidì altra indicazione che quella data dal Piranesi.

In attesa di ciò che verrà a manifestarsi col procedere di questi studî, l'on. architetto Beltrami ha intanto fatto conoscere che dai saggi finora eseguiti si sono raccolti dei dati pei quali si modifica sostanzialmente ciò che finora si riteneva intorno all'età a cui il grande edificio rotondo deve essere attribuito, ed intorno al modo della sua costruzione.

I laterizî estratti dalla volta, e dalle pareti del sottostante tamburo, in parti ove la fabbrica non può considerarsi come lavoro di restauro, recano bolli che ci riportano al principio del secondo secolo dell'era nuova, e precisamente all'età di Adriano.

È noto per testimonianze classiche che Adriano restaurò il Pantheon distrutto nell'incendio dell'anno 80 sotto Tito; ma nessuno avrebbe finora supposto che tale restauro fosse stato una vera e propria ricostruzione dalle fondamenta.

Sotto questo riguardo gli studî fatti eseguire dal Ministro Villari sono di grande importanza per la storia di questo che è giudicato il maggiore dei monumenti romani.

La Nota del prof. Beltrami è inserita nel fascicolo delle Notizie del mese di marzo.

RICERCHE E STUDI
SULLA COSTRUZIONE DEL PANTHEON IN ROMA
DEL PROF. L. BELTRAMI.

Comunicazione del Corrispondente F. BARNABEI.

Il Corrispondente BARNABEI per incarico di S. E. il Ministro dell'Istruzione, legge una Nota dell'on. deputato prof. Luca Beltrami, architetto direttore dell'Ufficio regionale per la conservazione dei monumenti nella Lombardia, intorno alle ricerche alle quali ora si attende per studiare la costruzione del Pantheon, e risolvere la questione intorno al tempo a cui la fabbrica attuale deve essere rimandata.

Espone il prof. Beltrami che dovendosi riparare alcuni guasti prodotti da infiltrazioni di acque nell'interno della cupola, S. E. il Ministro dell'Istruzione ordinò nello scorso mese di febbraio la erezione di un ponte di servizio nell'interno del monumento, in corrispondenza della cappella tra l'altare maggiore e la tomba di Vittorio Emanuele. Fatto lo scrostamento della parte di intonaco deteriorato dall'umidità, in corrispondenza a tre lacunari dell'anello d'imposta della cupola, venne in luce la disposizione di tre archi, corrispondenti agli intercolunnii della sottostante cappella. Poichè tale disposizione non corrispondeva a quella indicata dal Piranesi, S. E. il Ministro Villari molto opportunamente dispose che le indagini fossero maggiormente estese, affinchè si raccogliessero gli elementi che servissero a determinare la struttura del Pantheon. In tal modo secondò la domanda che all'on. sig. Ministro era stata rivolta dal sig. prof. Guillaume, direttore dell'Accademia di Francia in Roma, perchè il sig. architetto Chedanne, pensionato dell'Accademia predetta, potesse compiere lo

Rendiconti Accad. Lincei, I (1892)

u dit que ce superbe reste de l'antié fut dédié à Jupiter Vengeur par Agrippa gendre d'Auguste, 26 ans ron avant l'ère chrétienne, en commoration des victoires remportées en pte sur M. Antoine et Cléopâtre. qu'ici rien ne s'oppose à ce que nous ions qu'en effet Agrippa fit élever temple en commémoration de tels nements, et les archéologues ont pensé que ce temple est celui qu'on appelle aujourd'hui le Panthéon. On dit aussi qu'il fut dédié peu de temps après à tous les Dieux et de là, le nom qu'il porte. Cette idée devient bien inexplicable puisqu'on prétend qu'Agrippa le dédia à Jupiter Vengeur, tout en faisant valoir sa superbe idée, qu'il l'avait fait construire de forme sphérique, si convenable à celle d'un Panthéon, pour éviter ainsi la primatie entre les Dieux. De plus on a observé combien la forme de la voûte était savamment indiquée comme véritable Canope de la demeure des Dieux; ne s'étant pas aperçu de la contradiction frappante, qui faisait de cet édifice un véritable Panthéon dès sa naissance, et même avant de naître, dans la pensée d'Agrippa ; idée qui exclut d'un trait, le temple à Jupiter Vengeur et même celle d'avoir dû former une partie de ses Thermes, ce qui est impossible à révoquer en doute. L'opinion émise et soutenue, que cette salle, ou ce vestibule n'ait eu aucune communication avec le reste de l'édifice ne doit pas paraître moins étrange.

Qu'entend on dire par une des salles d'un établissement quelconque inhérente et desunie à la fois? Comment pouvoir imaginer un vestibule sans autre communication que celle de l'extérieur? il ne fallait que l'immensité de cet édifice pour contenir de telles absurdités, et qui, soit par son emploi, soit par sa construction, paraît s'être disputé la gloire de mettre à l'épreuve l'imagination de ceux, qui ont si facilement prêté foi aux époques des constructions des prisons Mamertines, à celles de la cloaque Maxima, à la position du mont Palatin, à celle de l'Aventin, et même à la nouvelle et singulière idée sur le cirque Caracalla ; oubliant entièrement qu'en parlant des Romains de ce temps, ils parlent d'un peuple qui n'avait qu'à frapper la terre du pied pour en faire surgir une montagne; et pourtant, sous le règne d'Auguste on prétend qu'Agrippa voulant faire élever un temple pour une semblable commémoration, on prétend s'être servi d'un vestibule pour y placer un Jupiter Vengeur, et un peu plus tard tous les Dieux de l'Olimpe.

Or comme toute opinion en autorise une autre, s'étant accordé jusqu'ici à ne pas admettre de communication avec ce vestibule et le reste des constructions des thermes, je soutiens à mon tour et je prouve, que ce prétendu vestibule, n'a jamais eu aucune communication avec le portique, si ce n'est depuis que ce monument est passé au domaine du christianisme.

Voilà un grand hola; voilà que l'on va me dire, montrez-nous donc sa communication avec la suite des thermes, ou établissez-nous une échelle de Jacob.

Ni l'une ni l'autre ne sont nullement nécessaires pour le moment, cette communication se retrouvera, ainsi que le temple de Jupiter Vengeur, et peut-être aussi le Panthéon. Commençons en attendant par rendre à César ce qui appartient à César, puis à Dieu ce qui lui appartient, quand nous l'aurons retrouvé.

L'histoire nous dit, il est vrai, qu'Agrippa éleva un temple à Jupiter Vengeur, mais je ne sache point qu'elle en détermine le lieu.

Que l'on me prouve la possibilité de détacher un vestibule d'un etablissement pour le rendre à tout autre usage, sans desordonner tout l'édifice, lorsque l'élévation d'un temple à cette époque ne présentait pas plus de difficulté que ne nous en présente de nos jours la construction de la plus petite bicoque; le temps nécessaire pour construire une colonne suffit pour en construire 200 et 200 bases et 200 chapiteaux peuvent être faits dans le même espace de temps que l'on ferait une seule base, un seul chapiteau, et douze pieds de corniche, prendront le même temps qu'il faudrait pour en exécuter mille; calcul incontestable, qui résout la question que sous le siècle d'Auguste particulièrement, tel temple, tel Panthéon que l'on eût voulu élever n'eût pas pris plus de temps qu'il en eût fallu au sculpteur, pour concevoir et exécuter la statue que le temple eût dû contenir. Le Colisée, le Forum de Trajan, les Thermes de Caracalla et une quantité d'autres édifices romains, attestent cette rapidité, si impraticable de nos jours. Et, le champ de Mars n'était point le Clivus Capitolin !

De quel côté nous tournerons-nous donc pour soutenir la nécessité d'avoir pris ce vestibule, ou cette salle pour en faire un temple, aux dépens du plus riche édifice romain, du genre des thermes? il n'y en a certainement pas.

Pour mieux nous convaincre et nous mettre mieux en gardé contre les assertions de nos guides en général, il suffira de lire Vasi au sujet du Panthéon, édition de 1824, vol. second, page 287, revue et augmentée par Nibby. Là on lira que les huit colonnes de la façade du portique sont en granit rouge, tandis qu'elles sont en granit gris. Eloge soit donc rendu aux auteurs plus récents, puisqu'ils sont parvenus à corriger aumoins de telles erreurs.

Mais leurs méprises ne s'arrêtent pas là, on a pensé qu'Agrippa, ayant désiré, faire de cette salle (salle de ses thermes d'abord) un temple, fit construire le portique, par un architecte plus habile, soit pour pratiquer une entrée a ce temple, soit pour mieux embellir celle du prétendu vestibule, sans réfléchir que le plan du portique se trouvait plus élevé que le plan du temple, faute, qui aurait formé un véritable casse-cou, d'où il eut résulté que soit à l'intérieur soit à l'extérieur le portique devait se trouver l'objet le plus éminent; de sorte que l'on était obligé, pour y entrer, de monter d'un côté et de grimper de l'autre. Défaut qui prit lieu seulement par la communication forcée de ces deux monuments, savamment corrigé par Michelange qui aux dépens des plinthes des colonnes de l'intérieur réussit à établir les deux plans au même niveau.

Ils n'ont point pris garde non plus qu'au revers de la médaille d'Agrippa, sans doute frappée en commémoration de son Panthéon, cet édifice s'y trouve présentant en face six colonnes seulement et non huit, que la voûte en est entièrement close et de forme pyramidale, pensée fort belle et la seule qui appelle le mieux au ciel, que l'édifice y parait être éclairé par quatorze croisées situées tout autour, un peu au dessous de la corniche, donnant également une lumière de haut en bas, mais en cercle, et que, Rome étant divisée en quatorze régions, chacune ayant sa divinité, pourrait bien faire croire, que les quatorze divinités particulières au quatorze régions, y étaient contenues. Qu'enfin le fronton outre la statue qui devait être, au sommet, en avait une de chaque côté, aux angles, et que le temple au lieu d'être élevé de cinq marches au dessus du sol ne l'était que de deux ; d'où il résulte que tout ce qui reste de ressemblant au véritable Panthéon d'Agrippa, se réduit à la seule figure sphérique.

Mais que dire de cette inscription qui se trouve sur l'architrave du fronton qui constate un Panthéon, si elle ne constate pas un temple à Jupiter Vengeur ? Ni plus ni moins que ce que l'on est obligé de dire de la fausse inscription qui se trouve à la base de la colonne dite Antonine, sur la place Colonne, et de tant d'autres du même genre; or l'inscription de cet architrave n'est autre chose que l'opinion de quelques uns de ceux qui ont réparé cet édifice, soit peut-être du temps de Boniface IV, pape, qui le reçut dit-on en 668 de l'empereur Focas, soit du temps du pape Grégoire IV qui en 827 le dédia à tous les Saints.

Béda fut le premier qui donna le nom de Colisée à l'amphithéâtre Flavius, nom qu'on ne lui effacera plus, et, comme il vivait dans le VIII siècle, époque dans la quelle cet édifice fut ainsi dédié, il n'est pas improbable que ce ne soit à Béda à qui l'on doive cette dénomination, ayant rapport à tous les Saints.

Le temple du Soleil et de la Lune, avec une bien plus juste empreinte avaient porté ces deux dénominations jusqu'à nous et néanmoins elles viennent de lui être changées, pour faire place à celles de Rome et de Vénus, malgré la sublime idée de la première pensée, et la grande incohérance de la seconde.

Aujourd'hui Rome et Vénus placées dos-à-dos comme par des maîtres de danse qui s'amusent à faire faire un continuel chassé-et-déchassé aux monumens de l'antiquité ; Rome et Vénus ainsi placées, la protectrice tourne les épaules à la protégée, marque de protection étrangement entendue, tandis que le Soleil, véritable symbole du jour, et la Lune de la nuit, peuvent en effet se tourner le dos, puisque le jour n'a j'amais vu la nuit, ni la nuit ne verra j'amais le jour : voilà une haute et belle pensée.

Si les hommes à talent veulent se refuser à mes opinions, les hommes de bon sens me suivront peut-être et ne verront plus dans ce Panthéon que la plus belle salle des thermes d'Agrippa (sa pinacothéca) qui ne fut jamais imaginée pour communiquer avec le portique; plus que jamais prouvé à présent par la découverte des quatre colonnes supprimées en ce lieu, et employées aux autels du fond de la grande croisée de St. Pierre; suppression qui nous empêche de reconnaître le véritable plan et la véritable intention de ce magnifique édifice. En remettant à leur place ces quatre colonnes, on verra alors tous ses huit renfoncements devenir égaux, celui de la porte s'élargir à sa juste dimension en faisant disparaître l'inégalité qui éxiste dans la bande de vert antique qui l'environne et qui est double de ce côté; les colonnes replacées rappelleront la corniche circulaire de l'entablement formant le rond parfait de ce côté, alors l'inégalité de la corniche de la porte avec celle de la salle disparaîtront; en relevant le mur derrière elles, l'issue se trouvera fermée, et, venant à occuper l'espace du triple seuil de la présente entrée, laissera un éspace en retraite égal à tous les autres renfoncements, les deux colonnes avancées de la tribune, mises là pour ne rien soutenir, et en tout différentes des autres, seront renvoyées d'où elles vinrent avec leurs pilastres trop courts, et trop larges pour leurs chapiteaux. L'ouverture de la tribune, comme l'on voit, forcément augmentée et élargie aux depens des compartiments des côtés, et de la bande de vert antique, entièrement supprimée, reprendra son uniformité générale, en se retrécissant à sa juste proportion, les deux autres colonnes replacées ici, reporteront aux angles ces deux pilastres que l'on a employés autour de la tribune, la corniche viendra se clore en complétant le cercle et fera disparaître cette voûte soupine de la tribune, si desapprouvée en architecture.

Ce pénible cauchemar qui agite le cœur du spectateur, occasionné par cette fente de la coupole, vraie bouche de la vérité, qui crie contre ceux qui lui enlevèrent ses soutiens, cessera de le faire palpiter, en la voyant rétablie sur ses premiers supports.

Faites que l'imagination enlève tous les autels, rétablissez les 42 cariatides qui soutenaient la voûte autour de l'attique, redescendez le plan à son ancien niveau, ses colonnes s'élèveront alors de leurs bases, se montrant libres de leurs plinthes au sommet, joyeuses d'avoir retrouvé leurs compagnes, et assurées de soutenir à jamais ce Canope immense; inébranlables, mais modestes sur le sol, elles entendront paisiblement, l'affreux retentissement de la chute trop funeste de leur sœur (*), qui trop hazardée et orgueilleuse, plâne maintenant dans les airs.

Mais cet édifice ainsi restauré, comment le considèrerons-nous donc? Com-

(*) La grande Coupole de S.t Pierre.

me la véritable pinacothéque des thermes d'Agrippa, et le temple de Jupiter Vengeur n'aura donc menti que par un songe; et toi, superbe vestibule, tu resteras dans notre souvenir comme une pierre de touche de tant d'autres erreurs. Une telle faute une fois commise, coûte-que-coûte il fallait la soutenir au risque d'être foudroyés par Jupiter Vengeur; mais quant à nous, comment pouvoir nous faire imaginer un reste d'édifice qui puisse avoir égalé un tel vestibule?

Qu'il est pourtant grand le pouvoir de l'homme! Voilà cet édifice à jamais Panthéon, quoique nous n'y voyions plus que la superbe pinacothéque des thermes d'Agrippa, dépouillée, il est vrai, de tous ses magnifiques ornemens et de toutes ses richesses; mais ainsi rétablie, nous la verrons dans toute la beauté de sa construction, presque incompréhensible par la vaste imagination de celui qui la conçut.

Enchantement nouveau pour les amateurs de toutes les nations! Témoin surprenant et majestueux de la grandeur de cette Rome qui n'est plus! N'est ce pas là, un véritable miracle de dix-neuf siècles que nous admirons? Ne vous attendez vous pas en sortant de ce lieu, à rencontrer Auguste assis sur son char avec sa femme Livie? Scribonie répudiée, avec son effrénée et malheureuse fille Julie, ou enfin, cet insigne amiral d'Actium, Agrippa?... mais arrête imagination, la porte est fermée.

Le silence qui règne sur l'enlèvement des quatre colonnes qui manquent à cet édifice, surprendra peut-être, quoique loin d'être unique: on est en pleine connaissance d'une quantité de temples profanes, dépouillés pour embellir ceux de notre croyance. Il y a là, quelque chose de bien respectable pour le sentiment d'un philosophe religieux; mais que dirons-nous en voyant que nos sanctuaires eux mêmes ne sont pas plus respectés?

On croît avec les siècles en bien comme en mal, et si l'on peut en quelque sorte faire un reproche de dépouiller un autel pour en revêtir un autre, que dirons-nous des quatre colonnes du portique de l'église de Ste. Sabine (prétendu temple de Junon Reine) enlevées pour décorer une hôtellerie profane!

Mais que deviendra-t-il enfin ce superbe portique? Il deviendra un portique comme tant d'autres, celui d'Agrippa élevé sous son troisième consulat, comme l'inscription primitive nous l'atteste, contenant les trois statues, de Mars, d'Auguste et de Vénus, enfin il deviendra un véritable *calcidico* selon Vitruvius *ad calcem opus*, dédié sans doute à Jupiter Vengeur, ou Tonnant, et comme tel, indiqué par le bas-relief, qui en ornait le fronton; le tout addossé au premier avant-corps déjà exécuté par le même architecte, pour servir de soutien à la grande voûte, privée de l'appui des constructions contiguës de ce côté; ce que l'on conçoit suffisamment, en observant le premier fronton encore visible du premier avant-corps resté sans doute trop faible pour servir d'appui à une masse aussi colossale, qui n'a été cependant honorée que du modeste nom de vestibule.

Athénodore, Agisandre et Polidore exécutèrent ensemble le fameux groupe du Laocoon, qui peut à juste titre être appelé le Panthéon de la sculpture, y voyons nous la moindre disparate à cause des trois artistes?

Les grands talens de cette époque se réunissaient très souvent, pour l'avantage de la réussite des ouvrages, oubliant tout amour propre individuel: ainsi pour embellir le palais des Césars, Polidore travailla avec Polidetto, Ermolao avec Pitadore et Arthémone avec Afrodisi, ne laissant pas même penser, qu'aucun d'eux eût voulu se distinguer sur le même sujet aux dépens de l'autre, et pourtant on ôse imaginer que cela soit arrivé dans notre édifice! Conclusion véritablement enfantine. N'est ce pas un excès d'ignorance que de commettre une disparate? et une disparate telle que celle qui est arrivée dans notre prétendu Panthéon, peut-elle être regardée comme produite par un architecte plus habile que celui qui en dessina l'intérieur, et tolérée par Agrippa?

Canova qui est encore avec nous et qui sera avec tous ceux qui seront, fut aussi bien l'auteur des ravissantes danseuses, et de l'incomparable Hercule Torlonia (Laocoon moderne), de même un seul génie a pu être l'architecte de la salle et du portique de notre incomparable monument, mais, jamais celui de leur communication.

Il est également bien difficile de concevoir pourquoi on laisse les étrangers dans une ignorance complète d'une foule de détails du plus grand intérêt tant pour les conjectures que pour la persuasion, ne manquant pas pourtant de leur expliquer si au devant d'un autel il y a deux ou quatre colonnes, leur hauteur et leur largeur, et si elles sont blanches, noires, vertes ou rouges et souvent même avec bien peu de vérité.

L'étranger n'a généralement que quelques mois, quelques semaines, ou quelques jours peut-être pour satisfaire sa curiosité; c'est donc une tâche bien honorable de le guider avec intérêt selon son juste et noble désir.

Le voilà au devant du Panthéon, il faut qu'il aille se placer à la gauche des maisons qui font face à l'édifice au coin de la rue Giustiniani, de là, il pourra l'admirer dans sa masse, découvrir le fronton de la première façade (le premier calcidico déjà expliqué), il verra également près du coin de ce fronton un long égouttoir en forme de canal ouvert qui date de la même époque que l'édifice ; du côté opposé il en verra un pareil, mais plus court et rond à peu près de l'épaisseur d'un canon; c'est droit au dessous de ces tuyaux que l'on voit les anciennes portes qui donnent accès sans doute, à deux des huit *apoditari*, comme les appelle Vitruvius, pour y déposer les habits de ceux qui se rendaient aux bains. De tous ces huit espaces, celui qui est plus à la portée d'être visité, est celui qui appartient au marchand d'herbage, situé au coin à droite en retraite du portique, il y en a un troisième, praticable au côté opposé, où l'on voit une petite porte n. 28 qui appartient à présent au marchand de volaille qui est au coin de la place du même côté.

Entré dans le portique, il faut admirer d'abord les belles proportions gigantesques, qui, comparées ensuite à celles de l'intérieur de la salle, persuaderont encore mieux de l'énorme incohérance, de penser que ces deux constructions étaient faites pour être contiguës l'une à l'autre; et l'on jugera combien l'intérieur se trouve différer en proportions, d'un objet qui sur touts les rapports devaient lui être analogues.

On observera aussi que toute la construction qui suit les pilastres cannelés, vers l'édifice, n'est qu'une construction bien postérieure à tout le reste du portique, et pour s'en persuader, il suffira d'observer qu'aucun des ornemens des ordres des bases corintiennes, ne se rencontrent nullement avec ceux des bases des premiers pilastres, qui sont véritablement primitifs, et que les cannelures mêmes sont plus basses dans les uns que dans les autres, que toutes les pierres et les marbres employés ici et autour de la porte, constatent une fraîcheur incompatible, avec la vétusté du reste de l'édifice, mais de plus, elles attestent qu'elles n'ont jamais souffert l'action du feu, empreinte si remarquablement gravée sur tout ce qui les entoure.

L'etranger qui aura appris ainsi, à interroger et à parler avec les pierres, seules véritables savans de tout pays; ne pourra être sourd à la voix retentissante et sonore, du bronze qui forme cette porte, qu' il faudra desormais appeler ancienne, mais non antique. Cette porte, ce bronze si à la portée des flammes, quel langage nous tient-il? observez-la dans toutes ses surfaces les plus polies, dépouillez-la de sa fusible enveloppe, son corps est en bois! que vous dit cette porte? *« il faut avoir perdu la raison « pour croire que j'aie été témoin et objet « des conflagrations romaines en ce lieu».*

Les images du Sauveur et de la vierge Marie, sculptées sur les médaillons carrés qui se trouvent au milieu de chaque moitié de la porte, quoique superposés et d'un métal différent, annoncent bien clairement une même vétusté que toute le reste, et avouent quelles ont été faites lors de la communication du portique avec le temple chrétien.

En se rendant ensuite au devant de la grande niche latérale soit à droite soit à gauche, on verra que les architraves ne portent point sur les pilastres du portique, paraissant situés sur les murs de construction en arrière-corps, et que si l'on se transporte au dehors de l'édifice et que l'on puisse se rappeler leurs situations à l' intérieur, on verra qu' ils viendraient se poser avec leurs têtes sur leurs anciens pilastres, juste perpendiculairement au dessous du profil de l'ancien fronton de la première façade, ou premier calcidico déjà nommé, et l' on sera plus à portée de reconnaître et de convenir que ce premier avant-corps de soutien ne pouvait agir en son sens, ne venant pas assez en avant et étant surtout trop élevé, formant plutôt un second mur d'accompagnement que de soutien; que ce défaut ayant été reconnu, on a été obligé de le baisser au tiers de l'arc, et de l'avancer en proportion de la force nécessaire, pour faire épaule à l'édifice et pouvoir soutenir la *rispinta* de l'immense coupole, qui, de ce côté, se trouvait privée de soutien.

Après toutes ces remarques qui peuvent procurer quelque satisfaction aux savants voyageurs, on entrera dans l'édifice, en observant que, dès le premier cil du seuil de l'entrée, le plan commence à descendre pour en venir au nivellement fait par Michel-Ange; et n'élevant pas les yeux trop curieux, on doit se diriger aussi près que possible du second grand autel à droite, et étant montés sur les marches, de ce point, la porte et la tribune échappant aux regards vous admirerez ce monument, jadis décoré dit-on par Diogène d'Athènes; mais là oubliez-vous pour quelques instants, n'écoutez plus que votre âme, rendez-vous géants comme l'objet que vous contemplez, et admirez, dans cette immense exécution. La grandeur des dons, que Dieu a fait à l'homme, par le moyen de la pensée!......

Pour mieux parvenir au but de fournir la science de la plus juste description sur ce qui concerne Rome ancienne, l'Auteur prendra en considération toutes les rémarques, idées et observations qui faites sur les lieux, pourraient lui être transmises, et selon leur importance elles seront mentionnées dans l'ouvrage qu'il se propose de publier au complet; moyen immancable pour rendre cette guide unique.

N.B. Port payé, nom et adresse des contribuables des remarques trasmises et requis.

NIHIL OBSTAT

J. B. Boeri Ord. Praed. Cens. Deput.

IMPRIMATUR

Fr. Dom. Buttaoni Ord. Praed. S. P. A. Mag.

IMPRIMATUR

Jos. Canali Patr. Const. Vicesg.

LE PANTHÉON

OU

SA COMMUNICATION AVEC LE RESTE DES THERMES, PROUVÉE.

Nous voilà arrivés à notre grand développement. C'est sur les marches d'un autel que j'ai laissé mes observateurs et, ayant rétabli à leur place les quatre colonnes enlevées à cet édifice, et retabli le mur derrière les deux opposées à la grande niche, imperieuse obligation me force à retrouver la communication primitive.

J'ôse espérer que tous ceux qui diffèrent de ma pensée, voudront tolérer mes reflexions et me suivre jusqu'à la fin; ne prétendant autre chose que d'établir une lice qui puisse conduire à des vérités restées trop incertaines jusqu'ici.

Le lecteur me permettra également une courte digression, devant servir de conviction fondée, et pour nous engager à respecter tout ce qui, si facilement a été classifié comme fables, comme contes et même comme songes.

Dans la curiosité de mieux découvrir ce que le temps nous cache; ayant saisi pour celà toutes les occasions qui pouvaient me transporter d'un point à l'autre du globe; avec la boussole du desir et de l'ignorance, ne prêtent foi qu'aux persuasions, laissant le grec et le latin à ceux qui prêtendant le comprendre; je me suis débarrassé dans mes recherches de toutes ces contradictions égales à celle, qui nous dit que Valerius Ostiensi fut l'architecte du prétendu Panthéon, si bien que du fameux théatre de Libonius 166 ans auparavant, s'accordant avec les textes grecs et latins (1). Pour sortir de pareils labyrintes je m'en suis toujours rapporté aux Historiens des lieux ou j'ai voyagé et aux traditions locales.

Dans mon voyage à Malte, qu'un savant appelerait Melita, vous disant avec tant d'autres choses, que celui qui y régna le premier, fut Naousitou Phénicien, qui y apporta sa divinité qu'on appella ensuite l'Hercule Maltais: j'appris en lisant Abela que dans un certain endroit où l'on voyait une tour, une tradition fabuleuse prétendait, y avoir été un Temple.

J'avais alors mon imagination remplie des récits de Fénélon, je ne respirais que Télémaque, et le temple fabuleux était indiqué là, où mon opinion plaçait la Nymphe deux fois infortunée.

(1) Vedi Nibby.

Eguillionné alors par le double désir de visiter cette île, je mets en mer, la voile se gonfle, on agite les rames, peu d'heures m'en séparaient, j'arrive, je débarque; vous décrire cette excursion, mes recherches, mes découvertes, les résultats, ma joie : il me faudrait toute autre plume; car mon songe était avéré.

Ma première visite fut à sa grotte, là, les masses mammillaires du plus pur albâtre, qui la composaient, tapissées des plus brillantes stallactites, surpassaient l'éclat des perles et des diamants; je respirais là, où avait respiré, cette innocente beauté qui donna pourtant lieu au plus intéressant poëme de l'immortel Fénélon.

Mais, quel mélange, de catastrophes vinret se peindre tout à coup à mon imagination! Ces voix qui retentissaient à mes oreilles, ... ces accents tout nouveaux... ces restes sacrés de la langue punique;... ces arabes, ces larges phisionomies,... tout, rammena a mon souvenir Carthage et Rome; Annibal et Scipion, quelle métamorphose ! ! ! ..... mais mon songe était avéré, j'étais dans l'île de Calipso (1).

La Tour qui portait le nom de la tour des Géants réveilla mon extase, je la cherche, je la demande, elle m'est indiquée, là, sur le sommet de cette haute colline; je me hâte,..... j'y cours, nouvelle surprise! le temple le plus surprennant se développe à mes yeux: quelle date lui assigner? seul et unique en disposition, en forme, en constructions.... oh Abela, tu devins des lors mon seul guide, et tu seras desormais l'égide de tous ceux qui seront accusés de rap-

(1) Histoire de Malte.

porter des rêves, des contes et même des fables. Et vous qui avides et curieux visitez les monuments de l'ancienne Rome, puisse ce fait vous garantir contre ceux qui vous engagent, à ne pas même pardonner, ceux qui, tout comme moi, ont vu l'ordre primitif et régulier de cette superbe salle, de cette magnifique et haute pensée, de notre prétendu Panthéon.

Surpris d'une découverte si inattendue, j'en enlève le plan, mon portefeuil est bientôt rempli de dessins, la representation de toutes ses faces ne tarda pas à être publiée à Paris, rendant à l'histoire ce même objet, que trois siècles en arrière, fut publié dans ses étroits confins comme fabuleux (1).

(1) L'île de Calipso, nommée Gaulum par Omère et Pomponius Mela, aujourd'hui Gozo, qui en espagnol signifie jouir: se trouve separée de

Justice soit cependant rendue au talent immense de Nibby, son nom sera toujours illustre à sa patrie, ses erreurs ne sont que des erreurs d'habitude archéologiques; héritage inévitable, dont la base fondamentale, est la contradition vide de probabilités et de persuasions; principes trop incomodes, puisqu'ils ne laisseraient plus rien à dire.

Nibby nous dit d'abord, que ce monument a six petites portes tout autour à l'exterieur et qui correspondent à chacun des grands pilastres qui soutiennet la grande voûte, et que ces portes donnent dans autant d'espaces vides ainsi laissés pour contenir des ustensiles, ou d'autres objets d'usage, mais il a oublié de nous dire à quel usage et de quelle

Malte par l'île Comino o Comunino, à la distance d'environ cinq milles, elle a environ quatre milles de cinconference.

nature. Ces piliers étant pourtant huit, laissent penser que les portes et les espaces ainsi laissés doivent être égales en nombre, et même Vasi parait en avoir consideré huit, puisque tel est le nombre de ces espaces tracés sur le plan du Panthéon dans son guide de Rome.

Pour tous ces espaces indiqués par Vasi et nommés par Nibby il n'y a que trois portes visibles, dont deux seules antiques : une est celle du marchand d'herbages dont nous avons déjà parlé, l'autre est celle qui donne accès à l'oratoire de l'église actuelle; nous avons déjà dit qu'un troisième de ces éspaces a son accès par la porte du n. 28 dans la rue de la Rotonda, la boutique du n. 88 dans la rue de la Minerve en contient un quatrième, deux sont visible dans la sacristie, et l'on peut avoir accès à un sixième de ces espaces en escaladant l'autel de droite de la tribune derrière la statue du saint, et celui-ci est le seul qui soit resté dans son plus parfait état.

Celui qui voudrait admettre l'idée vague de Nibby sur l'usage de ces espaces ainsi laissés avec le seule accès au dehors donnerait à cette immense rotonde l'idée d'une grande usine; déduction bien juste par l'emploi de la quantité d'ustensiles supposés dans ces espaces, ce, qui serait bien d'accord avec tout arsenal quelconque, mais ici prenons garde aux songes, nous ne sommes pas dans l'île de Calypso.

Peut-être Nibby a-t-il imaginé que dans ce prétendu Temple on y célébrait des Ecatombes, y supposant représentées les 100 villes des Lacédémoniens, et que les 100 sacrificateurs y accomplissaient dans un même jour les 100 sacrifices ; cette pensée pourrait se soutenir, mais en ce cas l'entrée de ces reposoirs d'ustensiles devenait nécessaire par l'intérieur et incompatibles à l'extérieur. Commençons ici quelque solution probable qui puisse nous guider sur le reste.

Ces portes par leur accord parfait avec l'ordre extérieur de l'architecture, par le degré de luxe et d'importance qui leur a été accordée, donnèrent d'abord, l'idée des apoditari, mais cette idée est néanmoins frappée de la même difficulté que celle du dépôt des ustensiles n'ayant aucune communication ni avec l'intérieur ni avec les bains.

Un examen général sur la civilisation présente, peut facilement nous représenter les besoins des civilisations passées et nous aider dans nos recherches. Les peuples sauvages, comme les peuples civilisés n'ont jamais changé leurs habitudes, ils les ont plus ou moins embellies, étendues, augmentées ou diminuées. Dès que les uns ont commencé à vendre, les autres doivent avoir commencé à acheter. Les plus grandes villes, tout comme les plus petites, nous représentent l'habitude ou la nécessité des marchands d'étaler au dehors de leurs magasins, le plus qu'il peuvent de leur marchandise; quelle raison nous empêcherait de croire que du temps de notre ancienne Rome l'on eut agi de même?

Quels pouvaient être les lieux les plus environnés de boutiques de gourmendises que les approches et les attenances des plus grands établissements et particulièrement des Thermes? quelques-uns trouveront ces espaces trop petits pour des boutiques en comparaison de la multitude qui devait fréquenter ces alentours, mais cette observation ne pourrait que venir à l'appui de la probabilité avancée.

Les archéologues ont toujours considéré les restes des monuments, qui appartiennent a l'histoire de ces derniers conquérants du monde, comme une collection d'antiquités, placées dans un musée et ils en parlent tout comme ils le feraient d'une statue, expliquant avec le plus grand talent, l'auteur, l'époque, la qualité même du marbre, tout le mérite de l'art vous est si bien detaillé, que l'on serait tenté de croire qu'ils s'y connaissent. S'il s'agit de tableaux ils les ont vu faire, tous les auteurs vous sont nommés et tous çà marche le mieux du monde, puisque notre croyance fait toute leur science.

Quand l'étranger vient visiter ces espèces de reliques éparses çà et là, on les lui montre entièrement isolées de toute connexion et comme de véritables larves, jetant néanmoins l'épouvante sur tous ceux, qui serrent déjà une plume avide de les couvrir de la mortelle fixion de la fable. Mais Rome vraie tour des Géants, saura faire surgir encore en tout temps de nouveaux temples, des témoignages nouveaux, pour se remontrer comme Veïa aujourd'hui, dans tous les siècles à venir; et saura s'échapper triomphante des folles imputations des plumes fantastiques, comme celle d'Abela.

Si l'on voulait bien considérer les habitudes en général et les usages d'autres fois, alors les espaces laissés vides autour de notre édifice ne seraient point trouvés trop petits pour des boutiques en considérant leur emplacement et leur disposition.

Notre présent Forum, ou notre marché de la place Navona, laisse voir pèle-mèle, il est vrai; choux, raves, Phidias, Praxiteles, Michelange et Bernini; toutes les écoles de Giotto jusqu'aux Caraches sont là parmis de vieilles ferrailles, des bijouteries, des sarcophages, des pots entiers et cassés; des Israëlites et des chrétiens, amas de juifs; sont tous là, ou l'on conduit volailles et quadrupédes à la même destinée. Mais les noms qui nous restent de la grande varietée des Forums d'autrefois, cette parfaite division et subdivision des objets nécessaires, soit pour le luxe, soit pour les besoins de la vie, qui obligeait chacun à ne vendre, que ce, qui appartenait strictement à la branche d'industrie qu'il s'était choisie, formait, le bonheur général et répendait l'existance; dont l'ordre contraire de nos jours, en prive, la grande masse; ne lui laissant que le crime, et le vol en partage, pour la decimer ensuite, au nom de la loi!

Pour contenir donc tout ce qui peut flatter la gourmandise de ceux qui se rendent dans de pareils établissemens, les plus petits espaces peuvent suffire étant ainsi subdivisés : de même nous voyons encore de nos jours, la nécessité de ces espèces de débits, venir s'établir autour de nos théâtres et même dans leur intérieur ; voilà les laucaux qu'il faut retrouver ou admettre, autour des arènes, des thermes et des théâtres.

Il est difficile, je l'avoue que mon songe soit admis par ceux qui ont vu et qui persistent à voir dans cette rotonde un Temple, un Panthéon ; mais non à ceux qui sont encore seigneurs de leur raisonnement, ceux là me feront écho et reconnaitrons avec moi, dans cette grande salle, une partie jamais interrompue des Thermes d'Agrippa qui n'a cessé d'en former une continuation, que pour se reposer dans l'oublie sous les décombres des Vandales, et pour se représenter avec tout le faste du nom romain sous le signe dominant de la chrétienté.

Quant à la seconde opinion, que ces espaces ont été laissés pour faciliter le désèchement des murs, je répondrai que de toutes les statues exécutées ou placées dans des endroits humides, la seule qui se soit enrhumée fut celle de Prométhée et l'on nous dit qu'elle fut obligée d'eternuer. Mais double phénomène, que malgré la loi que dieu avait faite selon les Rabins que l'éternuement devait apporter instantanément la mort, (loi qui ne cessa dit-on qu' en grâce de Jacob) (1); en ce cas seul l'éternuement donna la vie. Depuis ce temps les sculpteurs cherchèrent à se placer il est vrai

(1) Depuis cette époque l'Eternu fut toujours accompagné par des remercimens de grace.

dans des endroits bas et humides, mais ils ne peuvent parvenir encore à voir prendre à leurs productions cette âme qu'ils désirent et malgré tous les sigars qui empestent Rome, ils ne peuvent les voir éternuer. Mais quant à leur donner toute apparence de vie, les Fabris, les Ténérani, les Macdonal, les Wolff, les Gibson, les Rinaldi, les Bienaimés, les Crowford honneur de l'autre hémisphère, comme le Max de la Bohème, y sont bien parvenus; aussi ces Messieurs là, ne fumment pas au bout du compte comme tous les autres.

A la page 695 Nibby nous dit : « la » porte de ce monument est la porte » antique du temple, les battants ont 24 » pieds de haut, ils sont surmontés » d'une grille de huit pieds, et que, » (N.B.) cette grille prouve, qu'elle ser- » vait à donner la lumière à l'intérieur,

» lorsque ce lieu devint un temple, et » qu'afin qu'il acquît plus de sainteté » on couvrit l'œuil de la voûte avec cette » pomme de pin en bronze, que l'on voit » au jardin du Belvedere au Vatican (1).

Venons à présent aux probabilités. Le portique fut fait à cause du temple, voilà l'opinion générale, cette grille ne pouvait donc donner qu'une lumière interceptée par l'avant corps du portique : l'œil de la grande voûte bouché par la pomme de pin, qui remplissait la fonction d'un grand éteignoir ne permettant qu'un juste *barlume*, confortable seulement pour les prêtres de ce temps et pour les dévots qui y apportaient la dévotion d'un

(1) Étienne Piale dit que cette pomme de pin était sur le sommet du Mausolée d'Adrian, et que ce la l'ait dit Clément VII à l'architect Labaco: *oh Nibby qu'a tu fait! Dieu te le perdonne.*

Clodius (1). Si cette espèce d'*obscurité sainte* était encore pratiquée aujourd'hui, nos temples ne seraient jamais déserts.

Cet immense local ainsi privé de toute autre issue ne laissait plus à l'air le moyens de circuler, les vides laissés, selon Nibby, pour faciliter le desèchement des murs, devenaient de nulle ressource, cet air invariable et humide si bien pratiquée, aurait dû suggérer la belle pensée que cette immense rotonde était destinée à contenir les vins nécessaires à la table d'Agrippa et à tout son établissement. Nos caves ne reçoivent la lumière que par une grille, en proportion, il est vrai, beaucoup plus grande,.

(1) On prétend que P. Clodius déguisé en femme s'introduisit dans le temple de la Décsse Bonne, dont les cérémonies étaient deservies par des femmes pour seduire Pompea, fait arrivé dans la maison de César même.

et notre soit disant Panthéon n' a-t-il pas en sus, pour corroborer une telle idée la forme d'une immense amphore? et au Dox de Londres n'y voit-on pas une seule cave contenir 25 mille tonneaux de soit-disant-vin? qu' elle perte qu' une telle idée soit échappée! il est trop tard.

Dans cet endroit si sombre si vous réussissez à ne point vous casser le cou en y entrant par ces marches qui descendent pour y monter, vous pourrez facilement comprendre que ceux qui y entraient quoique avec une lanterne à la main tout au plus s' ils pouvaient lire sur les bases les noms des habitans marmoréens qui demeuraient dans ce lieu, et l' on ne sera plus surpris comme Nibby si tous les archéologues se sont mis le cerveau a l' alambic pour découvrir le lieu où étaient placées les superbes Cariatides, Pline qui les nomme les a sans doute vues lorsqu'il y faisait jour avant que l'éteignoir y fut placé, ou au moment du premier incendie lorsque par la même occasion il put recevoir dans le creux de sa main quelques gouttes du bronze des chapiteaux qui fondaient sur les colonnes, pour en reconnaître sa qualité syracusienne.

Jupiter fut donc bien patient pour attendre 106 ans qu'un incendie eut eu lieu pour apercevoir la demeure où il était placé. C'est alors que se voyant si environné de niches, il ne tarda pas à l'éclairer de nouveau par surprise avec une foudre pour voir tout-à-coup les niches de sa Junon, de Vénus et de Mars: ce qui arriva d'après Nibby sous le règne de Trajan.

Grâces au ciel nos Tonnères ne sont plus envoyés par un Dieu Vengeur, et ceux de nos jours nous font plus de peur que de mal, se contentant souvent de detruire quelque simple cordon de sonnette. Mais il faut tout croire quand la science prononce, et si elle vous dit, que Valerius Ostiensi fut l'architecte du Panthéon et que 166 ans auparavant il l'avait été du fameux théâtre de Libonius comment le mettre en doute ?

Calculons, à 25 ans on peut avoir acquis assez de réputation pour obtenir une primatie sur son propre savoir et en admettant que même dans ces temps-là comme aujourd'hui, le mérite et la vérité ne se faisaient jour que par contrebande, et que le mérite de notre architecte eut végété jusqu'à trente et qu'il mourut si tôt l'année après la construction des thermes d'Agrippa, tout cela ne lui donnerait au bout du compte qu'une couple de siècles d'existence ;

vaut-il la peine de se disputer pour si peu de chose avec le grec et le latin?

Nibby nous dit page 696 que la grande niche vis-à-vis la porte, au lieu d'avoir les colonnes sous l'architrave qui tourne tout au-tour de la salle, elles progettent.

Que d'excuses, ne doit-on pas à un auteur pénétré de son sujet! s'il peint un cahos tout est cahos autour de lui, s'il peint une tempête il se surprend souvent serrant sa plume entre les dents, saisissant d'une main son écritoire et de l'autre sa table, de peur qu'elle ne se renverse et tenant les jambes écartées croyant maintenir le double contraste malgré que tout soit calme autour de lui.

Quel lieu pouvait-il mieux rappeler à Nibby l'effet de cette pomme de pin, que cet éteignoir, qu'un temple de nos jours avec tant de lumières éteintes avec des éteignoirs?

N'est il pas digne d'excuse si malgré la lanterne de son savoir et la grande clarté du jour il n'a pu voir que la corniche sous laquelle il désire repousser ses colonnes avancées, non seulement ne tourne pas tout-au-tour mais quelle n'existe pas même à cette place ? Mais

Sogna il guerrier le schiere
Le selve il cacciatore
E sogna il pescator
Le reti e l'amo.

Le songe de Nibby doit avoir eu lieu dans son profond sommeil tandis que le mien doit avoir eu lieu à l'heure des deux lumières du jour (1) et Dante dit :

Che inverso del mattin del ver si sogna.

La science pénétrée également d'une telle sainte obscurité ne peut encore voir clair en ce lieu, et elle n'y a pas pu dé-

(1) Voy. dictionnaire anglais, *twilight*, aube (vers la pointe du jour).

couvrir autre chose si non que les colonnes avancées, diffèrent dans les cannelures d'avec toutes les autres, et, c'est à ce sujet que Nibby appelle toute la condescendance pour excuser ces fautes d'ordre et d'harmonie, qu'il attribue à la circonstance que cette niche devait contenir la divinité principale de ce lieu.

Quelle raison pour une telle variante qui desordonne toute l' harmonie desirée? et pourquoi? pour s'accorder avec la nécessité de vouloir y trouver un temple à Jupiter Vengeur et un Panthéon, voilà la seule cause de tout l'embrouillement, voilà le véritable emblême de la grande discussion des savants d'autres fois, sur les initiales qui composaient le

C.H.E.M.I.N.D.E.S.A.N.E.S. (1)

(1) Fameuse inscription trouvée dans la vallée de Montmorency qui confondit tous les savants de la Sorbonne.

On veut de force ici le temple de Jupiter, le Panthéon y est presqu'écrit, et cette rotonde se trouve adhérante à la suite des thermes : que dire !

Nibby tout en nous cachant la communication de cette salle avec les restes des thermes, s'accorde néanmoins avec mon songe ; car n'oubliez pas qu'il nous a dit que le temple fut ordonné après coup ; or la statue de la divinité supérieure n'y existait pas en origine, par conséquent il n'y avait eu dans le principe, ni le besoin de cette énorme niche, ni la nécessité des colonnes avancées et différentes des autres ; il n'existait donc pas ce désordre de l'harmonie de cette rotonde, mais quelque chose devait être à sa place.

L'ouverture vis-à-vis n'existait pas, puisque le portique fut ordonné pour le temple comme Nibby nous le dit, mais il devait y avoir quelque chose à sa place!

Il dit cependant: « On pardonne à » de tels motifs (il sousentend l'obliga- » tion d'y placer la statue de Jupiter), » cette interruption générale, mais on » ne peut pardonner l' opinion de ceux » qui songèrent qu'en origine toutes les » colonnes de l' intérieur étaient placées » d'une seule et même manière ». Voilà le songe qui devait inquiéter Nibby et qui doit inquiéter toute la science, mais tant que la science pour elle même, et pour Nibby ne nous rétablit pas cette salle dans l'état de son harmonie primitive en supprimant, et la grande niche et l'entrée du portique, sans obligation de pardons ni de condescendance, la science nous pardonnera de bonne grâce notre songe; car qui peut nous dire que ce ne soit pas aussi un renouvelé des grecs et des latins? Nibby nous dit, de ne pas pardonner *ceux* qui songèrent de la sorte, mais il nous cache les textes où il a trouvé *ces ceux*; peut-être qu'ils n'étaient pas si sôts, *ces ceux là* comme Nibby a paru les imaginer!

Il est pourtant vrai que ce songe qui vient enlever à Rome son Panthéon mérite les plus sévères reproches, mais ne soyez pas si prompts à jeter la pierre car au bout du compte c'est le nom que mon songe vous enlève et non la chose; attendez qu'aidé par Nibby j'ai pu rendre justice aux véritables positions du Palatin et de l'Aventin, alors condamnez-moi si vous le pouvez. Concluons.

Deux fois le feu a devoré ce monument comme on prétend qu' il a devoré presque tous les monuments de l'ancienne Rome. Le feu donc de ce temps-là était un drôle de feu, que personne n'a pensé d'analiser, en attendant que l'idée en vienne à quelque-un, contentons-nous de le supposer occasionné par des fusées à la congrève, que peut-être on appelait alors foudre de Jupiter. Qui sait même si Sir William ne nous a pas donné là un renouvelé des grecs? Car il s'y connaissait bien sans être archéologue, et peut-être je dois au bonheur d'avoir été son agent de lumière sur tout le continent, pour que cet immense éteignoir n'ait pu avoir aucune influence à mes yeux, et que cette sombre sainteté du temple à Jupiter se soit entièrement dissipée à mon approche.

Ce feu donc nourri simplement par des matières calcaires, non inflammables, élevait pourtant ses flammes gigantesques jusqu'à fondre les chapiteaux de bronze sur les plus hautes colonnes, et effronté comme un page, n'attaquant que les beautés, dedaignant tout ce qui était servile, laissait intacte porte, grille et poutres, comme des objets trop bas et trop vils pour un feu romain, et malgré la pomme de pin restée de glace à cause d'une telle épouvente, interceptant le plus petit courant d'air, les flammes néanmoins s'élévaient furieuses ; s'amusant çà et là sans faire sauter la voûte et faisant seulement leur farces, à porte et croisée fermées, c'est-à-dire à huis-clos.

Il nous dit page 694: « cette partie » ronde étant liée en construction avec » les thermes d'Agrippa comme chacun » peut observer à son gré et comme » cette partie correspond avec d'autres » rotondes semblables dans les autres » constructions des thermes ; dans ceux » d'Antonin Caracalla et dans ceux de » Dioclétien ; il n'y a donc rien d'extra- » vagant que celle-ci ait éte également » destinée par Agrippa au même usage, » mais en admirant peut-être la dispo-

» sition, l'harmonie et la magnificence,
» l'idée lui vint d'en faire un temple à
» Jupiter Vengeur, et alors il se vit dans
» la nécessitè d'y faire joindre le por-
» tique, mais ne trouvant pas des co-
» lonnes de convénable dimension, ana-
» logues à la construction intérieure, de
» là résulte, que le portique ne se trouve
» pas uniforme à la rotonde; et voilà
» toutes les anomalies expliquées, si bien
» dans les parties architecturales que
» pour l'immensité de la cellule, contre
» l'usage constant de tous les temples
» connus». Capitale délucidation!

Voilà donc qu'Agrippa en voyant la disposition, l'harmonie et la magnificence de cette salle eut l'idée d'en faire un temple.

Absurdité inouie, puisque la magnificence, l'harmonie et la disposition décidèrent Agrippa à former un temple de cette salle, qui d'après le même Nibby manquait de disposition, d'harmonie et de magnificence. De disposition, la cellule étant hors de toute proportion connue jusqu'alors en fait de temple: d'harmonie, témoin cette partie des thermes de Dioclétien qui tournée et retournée dans tous les sens, même par l'immortel Michelange, elle n'a jamais pu prendre l'harmonie d'un temple chrétien: manquant de magnificence, si la magnificence chez Nibby était l'obscurité. Pourtant phénomène nouveau qu'un objet vienne réveiller le desir d'un autre objet auquel il ressemble le moins.

Si l'on doit en croire Nibby, Agrippa reconnut cette salle comme la pièce la plus somptueuse de ses thermes; et voilà qu'un de ces romains qui ne trouvaient pas même un palais d'or assez beau pour eux, détache le plus bel ornement de son édifice, et pourquoi? pour le couper sur tous les sens, pour le mutiler et pour le plonger dans les ténèbres; serait-il possible de prêter foi à de semblables opinions? Il est bien vrai que Pélée sacrifia au fleuve Sperchius la chevelure de son fils Achille, et que Memnon sacrifia la sienne au Nil: jusqu'ici nous en sommes encore là, mais de tels sacrifices comme celui que nos archéologues font faire par Agrippa à Jupiter, ne se connaissent pas, par la simple raison qu'on ne les à jamais connus.

On me pardonnera donc si je me place à la tête de ceux qui ont *songé* (comme le dit Nibby) ce monument dans toute son harmonie, dans l'état d'un cercle parfait et entier, d'un ordre suivi et sans éteignoir.

Nibby nous dit de plus, qu'en outre la statue de Jupiter, ce monument contenait la statue de la Vénus qui avait à son oreille la perle de Cléopâtre, qu'il y avait les statues de César, de Romulus, de Pallas, d'Auguste, de Mars et d'Agrippa, des Cariatides, des bas-reliefs etc. etc.

Que l'on me dise à présent si ce temple, ce Panthéon, ainsi décoré, ne présente pas une parfaite pinacothèque, toute remplie comme les plus belles salles de notre musée du Vatican, avec des divinités, des portraits, des bas-reliefs, des Cariatides etc. etc. Nibby ne nous a donc pas trompés, il nous a rendu la pinacothèque des thermes de M. Agrippa; mais chef bien digne d'un corps savant, obligé de se conformer, il s'est vu forcé de parler grec et latin, pour ne pas être compris, dans l'espoir cependant d'être deviné un jour, et ce jour est arrivé; oui Nibby est là, dans ce vaste édifice, là où d'une voix ferme et tranquille il dit, sortez d'ici savant, voilà la porte.

Salomon reconnaissait trois choses surprenantes, mais il en gardait toujours une quatrième, pour sa plus grande conclusion; celle qui ne dit jamais assez.

Les archéologues, presque numismatiques, par droit de voisinage paraissent avoir reçu un degré de science d'en haut, et pour cette raison imitant Salomon dans tout ce qu'ils peuvent, reconnaissent comme lui trois choses principales; mais les ayant choisies dans le T pourraient fair prendre ces Messieurs pour des véritables chinois. Temples, Thermes, Tombeaux: et pour suivre encore mieux l'exemple de Salomon ils en reconnaissent aussi une quatrième, qui ne dit jamais assez; cette mer inépuisable de l'antiquaille, dont on dirait qu'ils en connaissent la fabrique.

Nous voyons qu'ayant trouvé dans les thermes de Caracalla la superbe statue de l'Hercule de Farnèse, il a fallu y trouver son temple, n'importe où: on y a trouvé la fameuse statue de la Flore, il a fallu y trouver son temple, n'importe où; et si l'on n'y a pas cherché un temple pour le fameux Torse qui est au musée, c'est par la raison de la quantité de torses qu'on trouve dans ces lieux. C'est donc par le fanatisme des temples que l'on n'a pu faire à moins que d'en trouver un attenant aux thermes d'Agrippa.

Mais soyons conséquens puisque la fin approche; Nibby nous a appris que ce monument fut restauré par Antonin le Pieux, puisqu'on lit dans sa vie qu'il restaura un *templum Agrippae*.

On a donc vu que ce temple à Jupiter Vengeur avait été incendié sous

Titus, et réparé treize ans après sous Domitien, on le voit détruit de nouveau par la foudre qui l'incendia du temps de Trajan, et on le voit réparé 60 ans après, comme par un souvenir des grecs sous Antonin le Pieux. Mais cette foudre tombée sur le prétendu Panthéon du temps de Trajan parait être tombée si à propos que Valerius Ostiensi, pour construire le toit du fameux théâtre de Libonius et les thermes d'Agrippa 166 ans après. Voilà comme on pêche quand on pêche dans l'eau trouble du grec et du latin et que l'on refuse d'écouter le pure langage prononcé par chaque monument.

Qu' une foudre soit tombée sur cet édifice au temps de Trajan, on peut bien le croire, mais non qu'elle l'ait incendié, car voulant être de bon compte, une foudre ne peut occasionner un incendie qu'en tombant sur une de nos plus vieilles masures, mais jamais sur des pareils édifices; pour nous mettre donc en garde contre les textes, nous devons nous rappeler qu'un texte rapporte que Galba ayant envoyé un escadron de cavallerie contre la multitude des soldats de la marine qui, les armes à la main, lui demandaient une amélioration dans les loix à leur égard, cet escadron (sans armes à feu) N. B. en tua sept mille et servit après à décimer le reste.

Que, sous le règne du César de nos temps (Napoléon), au sujet de l'armée d'Espagne on lit dans le second bulletin, avoir fait 30 mille prisonniers, 12 mille restés morts sur le champ de bataille; un seul grenadier français avait perdu le petit doigt de la main gauche.

Voilà les phénomènes de tout temps, de tous les siècles, égales à l'incendie de notre Panthéon occasionné par la foudre tombée au temps de Trajan. On a été obligé de confondre cette foudre avec l'incendie du temple à Jupiter, ne voulant admettre autre temple à Jupiter Vengeur que celui que l'on a prétendu adhérent aux thermes, et ce temple ayant été incendié deux fois, on s'est vu forcé de donner à cette foudre le pouvoir magique de ce feu extraordinaire, qui fit tant de ravages, mais à porte fermé. Bien plus extraordinaire est l'idée de celui qui à pensé que la grande niche de cette rotonde fut construite par Adrien pour son tribunal. Voilà un archéologue qui nous enlève d'un coup le temple de Jupiter Vengeur et sans rien dire; ou voilà un Adrien qui dit à ce Jupiter, ôtes-toi de là que je m'y mette. Jamais un italien ne pourra mieux placer son expression qu' il faut *battere la campagna*, pour présenter une telle opinion. Il est bien vrai que pour donner une plus grande forme à la justice, les plus grands coupables ont été jugés et même execués dans les temples, prennant la divinité comme à témoin de la justice; mais commencer par la mettre dans un coin, et le juge en prendre sa place, cela est en verité trop fort. La conséquence des petites croix tracées avec du charbon, et avec une matière grisâtre trouvées derrière quelques pierres qui décoraient cette niche, portant un nom de Julie Sabine pris pour être la femme de l'empereur, c'est vraiment trop ridicule (1). C'est un effort de croyance vraiment archéologique tellement elle est profonde; preuves aussi puériles, ne font que confondre, mais jamais persuader la science.

Nibby qui dans ses profondes recherches, a été obligé de reconnaître un

(1) Vedi Piale Panthéon.

second temple d'Agrippa, ne laisse point de doute que la position de ce temple devait être bien différente de celle de notre prétendu Panthéon, chose qui s'explique ouvertement par la crainte qu'il avait que ce temple eût pu effacer l'idée adoptée sur le prétendu Panthéon, jadis prétendu temple de Jupiter Vengeur, séparé des thermes d'Agrippa ayant été toujours reconnu par les écrivains grecs et latins sous la même indication.

Il en résulte que rien n'est plus probable et même de plus positif, qu'Agrippa voyant la magnificence de la pinacothéque de ses thermes, jugeant par là de la vaste pensée de l'architecte, lui donna l'idée de lui ordonner ce temple, voilà ce qui coïncide ; mais le tout est ici de ne point priver Rome du temple de Jupiter Vengeur, sans rien enlever aux superbes thermes d'Agrippa ; et voilà à quoi nous avons réussi en ayant retrouvé ce lui qui a fit naître tant de craintes à Nibby (1).

Le temps de la lumière est arrivé et l'on a déjà commencé à s'appercevoir que les colonnes du front du prétendu Panthéon sont en granit gris, progrès incontestable dont Vasi se réjouit grâces aux dernières révisions faites depuis que le grand éteignoir n'est plus qu'au jardin du Vatican, et si malgré cela on n'a pas encore aperçu le vrai temple de Jupiter Vengeur, c'est que les archéologues aiment trop le repos et n'étant pas des égoïstes il n'ôsent pas troubler celui de la plus haute divinité.

A raison de ce repos, la quatrième année court à présent, depuis que je fis la découverte d'un établissement magni-

(1) On se reserve d'en parler à sa place.

fique de thermes sur le prétendu Aventin, dans une propriété appartenant aux pères de la Compagnie de Jésus, et d'un reste de ruines de haute importance situées dans la rue dite de la *Bufola*, juste au-dessous de la roche Tarpeyenne: ayant pris un dessin de ces ruines, accompagné d' une exacte description, je me fis un devoir de le transmettre à l'autorité compétante, qui commenda de suite une députation pour se rendre chez-moi, afin de connaître le lieu où ces ruines existaient; mais ces Messieurs se reposent, je les attends encore.

Le savant lord Southampton, à qui en les lui montrant, je fis observer ces marques de constructions qui rattachent tout monument qui en est frappé, à ceux presqu'indéfinissables d'Arpino et d'Alatri que l'on peut observer dans l' incomparable ouvrage de l' insigne madame

Dénis (dame romaine) qui lient directement ces monuments avec la fameuse pyramide de Chéops, avec la quelle je les ai comparées ; le savant lord en prit un dessin, regrettant infiniment de les voir laissées ainsi dans l'oublie.

Mais assez de digressions, il ne s'agit pas ici de faux-fuyants; il s'agit de sortir les individus laissés sur les marches d'un autel, par la communication intérieure de ce lieu: mais on trouvera bien juste que je cède le pas et la gloire à qui la mérite. Nibby nous a instruits jusqu'ici, c'est à lui à qui je vous ai confiés, si vous le tenez encore dites-lui hardiment ou la porte ou la vie; il vous a dit, qu'avant que ce monument fut changé en temple, Agrippa en admira l'ordre, la proportion et l'harmonie, eh bien, par la même porte par la quelle vous avez fait entrer Agrippa qu'il vous fasse sortir.

Cette conclusion doit être suffisante pour nous persuader sur l'erreur prise en prétendant que cet édifice n' a jamais eu de communication avec l'intérieur ; ils s'en suivrait de là, pas moins que l' impossibilité de sa construction, et lors qu'on a eu la faiblesse de le supposer un vestibule, il faut que l'on n'cût pas lu ce mot dans le dictionnaire. Vitruvius dit *vestibolo*, *vestibulo*, *luogo al primo ingresso degli edifizj*. Voilà ce qui n'est ni grec ni latin; si donc par vestibule, on avoue une première entrée, retrouver la seconde était le devoir des archéologues, la nier en principe et par paresse, cela est une faute.

L'archéologue, qui nous a fait présent de l'idée des jolies petites croix portant le nom de Julie Sabine, dit dans une adresse à l'académie :

» È con qualche rincrescimento che » io torno quest' oggi a parlare della

» sventura che incontrano gli eruditi ed » artisti i quali portandosi in Roma, » pieni di attaccamento per questa an» tica capitale dell' universo tanto d' in» teresse prendono per essa, che astretti » vengono sovente a riportarsi per la pra» tica alli sentimenti de' nostri moderni » scrittori ed alle nostre relazioni le quali » se avvenga (e così non accadesse) che » opinioni siano e relazioni mal fondate, » causa anzi divengono a coloro di er» rori e di abbagli e confusione, che » evitato avrebbero forse se men fidati si » fossero di nostra perizia, la colpa però » n' è tutta la nostra, che dovremmo » essere della nostra antica patria più » amanti e studiosi, e nello scrivere e » ragionarne più cauti ed esatti, onde » ad essi evitare gli errori ed a noi la » vergogna. »

Voilà la plus naïve confession d'un savant qui prend modestement pitié de ceux qui se rapportent trop facilement aux écrivains modernes de son propre pays, se plaçant de la sorte très-humblément parmis les anciens: cette franche confession, ce charitable avis, mérite toute la gratitude imaginable et m'engage à le consoler en le persuadant que tous les érudits et tous les artistes qui viennent visiter notre Rome, ont presque tous le bonheur d'être accompagnés par des ouvrages étrangers: mais l'étranger qui réfléchira sur cette confession, faite par un membre d'un si honorable corps,se formera une opinion bien élevée d'une telle réunion,pour avoir supporté une si haute humiliation, lue à leur présence et faite pour la dissoudre d'un coup dans l'opinion publique; mais sans lui appartenir, j'avoue d'y reconnaître des hommes de très-haut savoir et qui au milieu de grandes erreurs ont pourtant dit des choses de très-grande importance, et d'incontestables vérités. Et notre archéologue qui a ôsé humilier ainsi tout le corps de l'archéologie, pensant s'élever au-dessus de tous les modernes, s'en supposant exclus ; on le laissera seul à rougir.

FIN.

NIHIL OBSTAT
J. B. Boeri Ord. Praed. Cens. Deput.
IMPRIMATUR
Fr. Dom. Buttaoni Ord. Praed. S. P. A. Mag.
IMPRIMATUR
Jos. Canali Patr. Const. Vicesg.

www.ingramcontent.com/pod-product-compliance
Ingram Content Group UK Ltd.
Pitfield, Milton Keynes, MK11 3LW, UK
UKHW020339250726
13967UKWH00005B/2007